BOKASHI

Le petit livre
du compostage
à la japonaise

SUE QUINN

Marabout

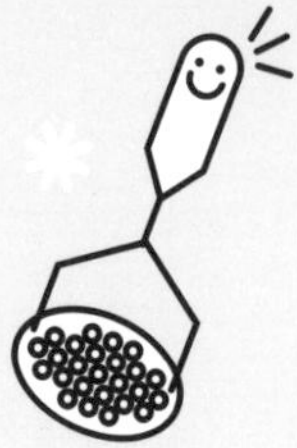

SOMMAIRE

CHAPITRE 1

CHAPITRE 2

CHAPITRE 3

CHAPITRE 4

CHAPITRE 1 : Qu'est-ce que le bokashi ?

Le bokashi est une technique astucieuse qui permet de recycler les aliments par fermentation et de les transformer en un terreau idéal. Non seulement il enrichit la terre et nourrit le jardin, mais il fait du bien à la planète en réduisant les montagnes de déchets envoyés dans les décharges. Les accessoires et la technique sont à la portée de tous.

Le mot japonais *bokashi* pourrait se traduire par « matière organique fermentée ». En réalité, il désigne tant la fermentation que le mélange de bactéries qui sert de démarreur. Ce système très ancien est d'origine coréenne, mais la version moderne est née au Japon.

L'HISTOIRE DU BOKASHI

Le professeur Teruo Higa, de l'université de Rukus, à Okinawa, au Japon, a longtemps réfléchi aux ravages causés par les engrais sur les terres du monde entier. Dans les années 1960, il a découvert par hasard des bactéries qui, une fois regroupées, étaient capables de nourrir le sol et les végétaux. Ce cocktail idéal de « micro-organismes efficaces » fut appelé EM-1.

PRÉSENTATION DU BOKASHI

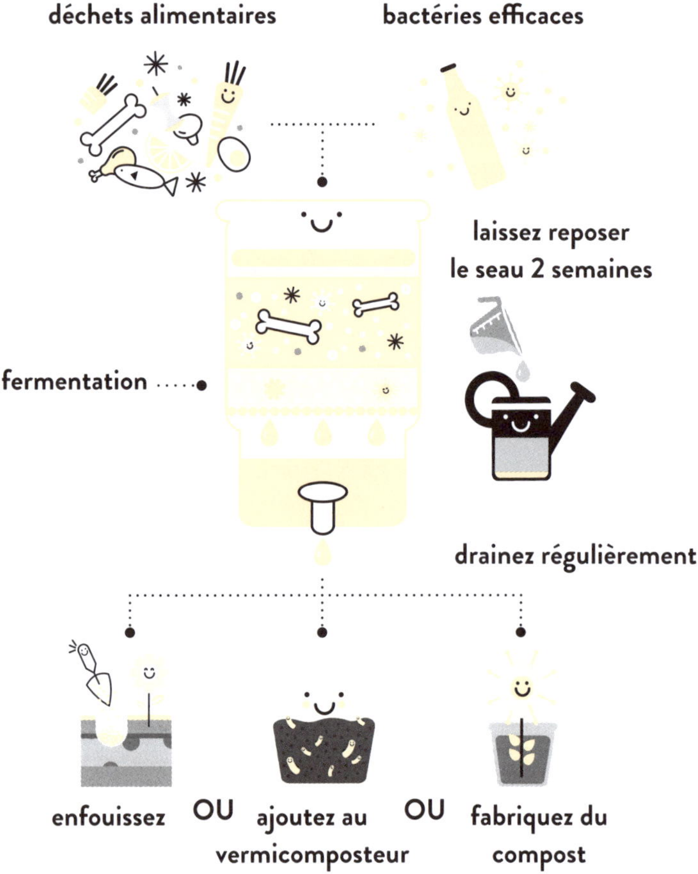

Il existe plusieurs types d'EM-1, mais tous fonctionnent sur le même mode. Les déchets alimentaires vont fermenter sous l'action des bactéries – qui neutralisent les microbes hostiles – dans un seau hermétique, au lieu de se décomposer. Le tout se déroule en milieu anaérobie, c'est-à-dire sans oxygène.

En revanche, les micro-organismes du compost traditionnel ont besoin de respirer. Le jardinier doit donc retourner son compost régulièrement, pour l'aérer. La décomposition, sous l'action des bactéries, dégage de la chaleur, de l'eau et du CO_2 (un gaz à effet de serre), contrairement au bokashi.

LES AVANTAGES DU BOKASHI PAR RAPPORT AU COMPOST

Rapide	La fermentation dure 15 jours (des mois pour un compost)
Inodore	Pas d'odeurs déplaisantes
Pas de vilaines bêtes	La fermentation se déroule dans un seau étanche, à l'abri des insectes et rongeurs
Compact	Convient aux petites cuisines et aux jardins en ville

Polyvalent	Reçoit les déchets alimentaires cuits et crus, dont la viande, les os et les produits laitiers
Facile	Pas besoin de retourner ou de stratifier les déchets
Fertilisant	Restitue à la terre des bactéries efficaces
Écologique	Moins de toxines et de lixiviat, sans émissions de gaz à effet de serre

LE FONCTIONNEMENT

Le bokashi n'est pas un compost, mais un processus de macération qui traite les restes un peu comme des cornichons. Comme tout type de fermentation faisant appel à des bactéries spécifiques, elles proviennent ici de la culture d'EM du professeur Tiga. Elles sont réparties en trois catégories : les levures, les bactéries lactiques et les bactéries photosynthétiques.

Ces différentes bactéries sont inoculées dans le son de bokashi, qui est saupoudré sur les déchets. Ce mélange avec le son, réalisé dans un seau étanche, assure les conditions idéales pour la fermentation. Les bactéries du son consomment les résidus et se plaisent dans ce milieu sans oxygène.

LES BACTÉRIES AU TRAVAIL

Les levures

déclenchent la fermentation. Elles décomposent les glucides et produisent des substances bénéfiques : vitamines, hormones végétales et acides aminés.

Les bactéries lactiques

convertissent les glucides en acide lactique. Dans le seau, le pH baisse, ce qui crée un milieu hostile aux agents pathogènes et aux microbes néfastes.

Les bactéries photosynthétiques

aident à décomposer les déchets alimentaires et les gaz nauséabonds, comme l'acide sulfhydrique et l'ammoniac.

Au bout de deux à trois semaines, les déchets traités, qui ont fermenté ou sont pré-compostés, ont toujours un peu le même aspect. Dans un second temps, ils sont enfouis dans le sol, où il leur faudra encore deux à trois semaines pour se décomposer. On peut également les déposer dans un vermicomposteur ou un bac à compost traditionnel.

LES ÉTAPES DU BOKASHI

ÉTAPE 1

1. Versez les déchets de la cuisine dans le seau à bokashi – à acheter ou à bricoler.

2. Saupoudrez du son sur les déchets. Vous pouvez le préparer ou l'acheter tout prêt.

3. Prélevez régulièrement du jus.

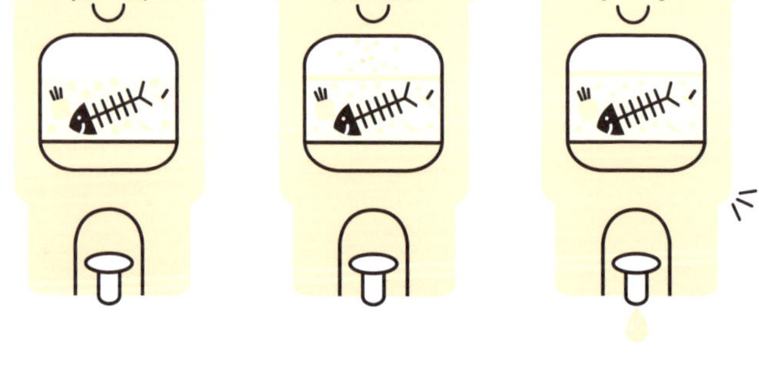

ÉTAPE 2

1. Le jus de bokashi nettoie les canalisations. Sinon, dilué, c'est un engrais efficace.

2. Creusez une fosse ou des trous dans le sol et enfouissez les déchets traités.

3. La terre fertilisée n'attend plus que vos plantations.

CHAPITRE 2 :
Le matériel

Avant de vous lancer, achetez le matériel de base ou alors, fabriquez-le. Sur Internet, vous dénicherez des kits pour démarrer, mais si vous êtes bricoleur, vous pouvez aussi fabriquer votre propre seau et préparer le son (voir chapitre 3).

CONTENANCE DU SEAU

Calculez à peu près combien de déchets culinaires votre foyer produit sur une période de deux semaines. Vous aurez ainsi une idée de la taille du seau répondant à vos besoins. Vous y jetterez fruits et épluchures de légumes, céréales, coquilles d'œufs, pains et gâteaux, viande, poisson, produits laitiers et os. La plupart des sachets de thé ne se décomposant pas, déchirez-les et jetez les feuilles dans votre seau à bokashi.

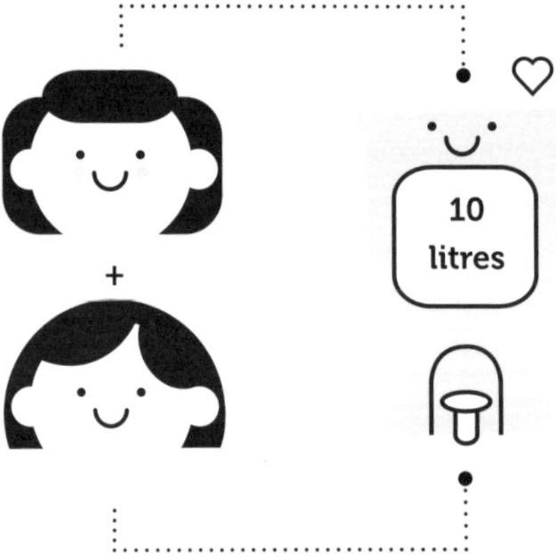

En règle générale, un seau de quinze litres convient à une famille de trois à quatre personnes ; un seau de dix litres à un couple ou à un célibataire. Dans l'idéal, il faudrait le remplir en deux semaines. Gardez votre seau au chaud, à l'abri du soleil, à une température de 20 à 37 °C. En dessous de 5 °C, les bactéries décident d'hiverner.

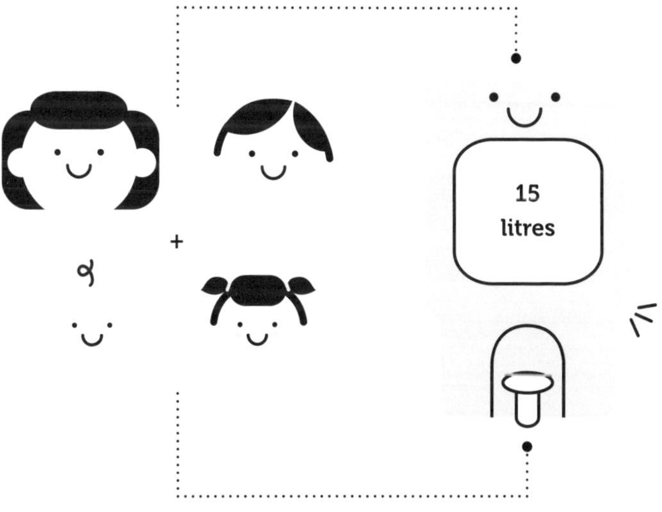

Le compost bokashi étant relativement inodore, il est assez pratique de l'installer dans la cuisine, sous l'évier. Si vous avez une buanderie où il fait bien chaud, c'est encore mieux. Dehors, le seau risquerait d'attirer des animaux ou de souffrir des variations de température.

CONCEPTION DU SEAU

Les seaux à bokashi en vente dans le commerce sont tous plus ou moins semblables. Au fond, un compartiment recueille le jus (le lixiviat) de la fermentation. Un tamis, placé dessus, retient les matières solides. En bas, un robinet sert au drainage et à recueillir le liquide ou « thé de bokashi ». Dilué, celui-ci est un engrais fabuleux. Sinon, c'est le déboucheur bio idéal pour vos canalisations.

APERÇU DU MATÉRIEL

DEUX SEAUX À BOKASHI ?

Vous avez tout intérêt à utiliser deux seaux. En effet, une fois plein, le seau doit rester fermé et au repos pendant deux semaines, le temps que les déchets alimentaires fermentent. Pendant ce temps, vous pouvez commencer à remplir le deuxième seau.

LE SON DE BOKASHI

Ce son est une matière sèche dans laquelle ont été inoculés les micro-organismes efficaces qui déclenchent la fermentation. Vous pouvez acheter du son tout prêt, qui est d'ailleurs souvent fourni avec les kits, ou le préparer vous-même. Vous avez le choix entre plusieurs méthodes. Cela prend du temps, mais l'économie en vaut la peine.

LES AUTRES ACCESSOIRES

Tassez bien les déchets à chaque fois que vous jetez quelque chose dans le seau à bokashi, pour chasser l'air. Utilisez un presse-purée, une truelle plate de maçon ou encore une brique. Les seaux sont parfois vendus avec ce type d'accessoire.

CHAPITRE 3 : Un peu de bricolage

Vous trouverez des seaux et du son sur Internet et dans les jardineries, mais c'est facile et moins cher de les fabriquer. Encore une fois, le système fonctionne mieux avec deux seaux : l'un où les déchets fermentent, pendant que l'autre se remplit.

LES SEAUX À BOKASHI

LE MATÉRIEL

- 2 seaux identiques et un couvercle étanche
- 1 robinet ou un fausset (facultatif)
- 1 perceuse ou une vrille

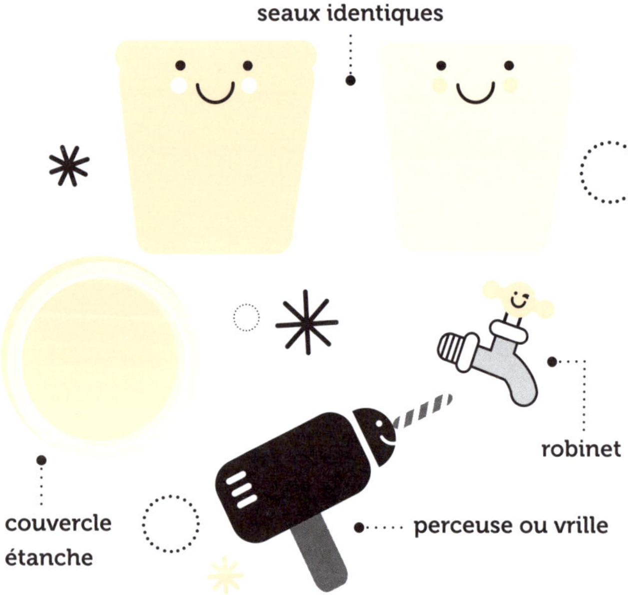

FABRIQUER SON SEAU

1. Percez 20 trous bien répartis au fond de l'un des seaux. Inutile d'être très précis, mais visez un diamètre de 5 millimètres.

2. Placez le seau perforé à l'intérieur de l'autre. L'espace entre les deux, en bas, permet de recueillir le thé de bokashi.

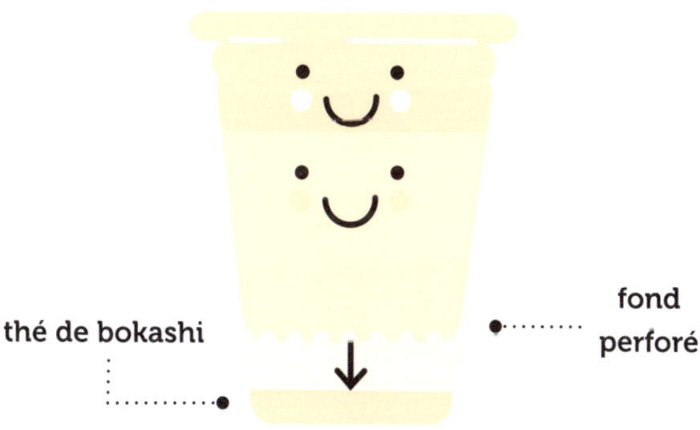

3. Pour faire couler le jus ou thé de bokashi, soulevez le seau du haut, sans déplacer le couvercle – ne laissez pas entrer d'air !

4. Videz le seau du bas de son liquide. Sinon, installez un robinet en bas de ce seau. On en trouve par exemple dans les magasins de fournitures pour brasseries artisanales et en ligne.

MONTER UN ROBINET

1. Prenez le seau non perforé et réfléchissez à l'emplacement du robinet. Fixez-le le plus bas possible, mais sans empêcher le seau de reposer à plat par terre. Marquez l'emplacement au feutre.

2. Faites un trou (bonde) de la taille du col du robinet.

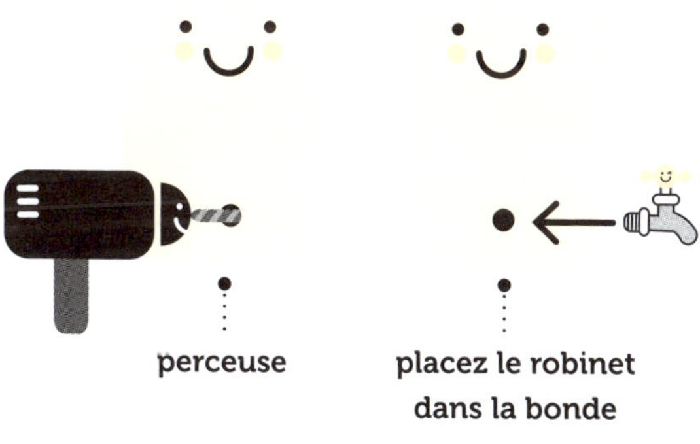

FABRIQUER DU SON

Pour fabriquer votre son de bokashi, voici deux méthodes très simples.

La culture d'EM : achetez des « micro-organismes efficaces », disponibles sur Internet.

Les bactéries lactiques : concoctez une version maison de cette infusion de bactéries.

LA CULTURE D'EM

Ces proportions valent pour un à deux mois, mais calculez plus large si nécessaire.

- 2 cl de culture d'EM (en vente sur Internet)
- 2 cl de mélasse
- 1,35 kg de son de blé, un peu plus si besoin
- 1 boîte hermétique assez grande pour contenir tout le son

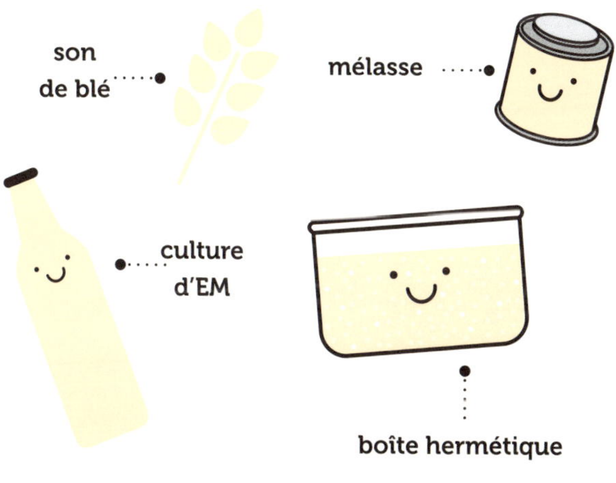

1. Faites bouillir 40 cl d'eau dans une grande casserole. Retirez du feu, versez la mélasse et mélangez.

2. Ajoutez 45 cl d'eau froide et incorporez la culture d'EM en mélangeant. Attention : si vous ajoutez la culture avant l'eau froide, vous tuez les micro-organismes.

3. Placez le son dans un grand récipient et ajoutez peu à peu le liquide en mélangeant.

4. Mélangez bien avec les mains, puis façonnez une boule.

Si elle ne se défait pas et ne goutte pas trop, c'est la bonne consistance.

C'est trop sec ? Versez un peu plus d'eau.
C'est trop humide ? Rajoutez un peu de son.

5. Placez le mélange dans la boîte hermétique et fermez bien.

6. Placez votre son au chaud et à l'abri de la lumière et laissez-le fermenter au moins deux semaines.
   ATTENTION : n'ouvrez jamais la boîte pendant cette période, l'air pouvant arrêter la fermentation.

7. Quand vous ouvrez la boîte, il s'en dégage une odeur douceâtre et aigre, légèrement alcoolisée. Si vous voyez des plaques de mousse blanche, la fermentation a réussi. En revanche, des moisissures vertes ou noires ou une odeur nauséabonde indiquent que l'opération a raté. Jetez le mélange et recommencez.

8. Vous pouvez utiliser votre son de bokashi tout de suite. Gardez-le dans la boîte, mais assurez-vous de bien la refermer à chaque fois que vous en prélevez.

OU

Étalez-le sur un grand plateau et laissez-le sécher à l'air libre.

Avec l'une ou l'autre méthode, le son se garde au moins un an. Jetez-le s'il sent mauvais ou se couvre de moisissures vertes ou noires.

LES BACTÉRIES LACTIQUES

Cette méthode permet de préparer soi-même les bactéries lactiques, qui s'emploient comme les EM de la première méthode. Les bactéries lactiques n'ont pas la même diversité microbienne que les EM, d'où des résultats légèrement différents. Saupoudrez-en un peu plus, par simple précaution.

1. Mélangez une part de riz (tous font l'affaire) à deux parts d'eau (filtrée de préférence) dans un grand récipient avec un couvercle. Un mug de riz pour deux d'eau est la quantité idéale pour un foyer.

2. Secouez vigoureusement.

3. Filtrez et gardez l'eau trouble.

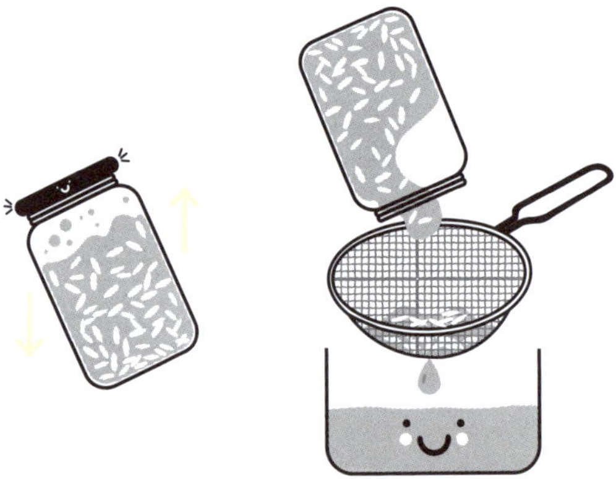

4. Versez le liquide dans un récipient assez grand pour laisser circuler de l'air.

5. Couvrez avec un torchon propre ou du papier absorbant, maintenu par un élastique. Placez dans l'obscurité et au chaud pendant 3 à 7 jours.

6. Une fine pellicule à la surface, le riz étant tombé au fond, signale que le mélange est prêt. Vous noterez une odeur aigre.

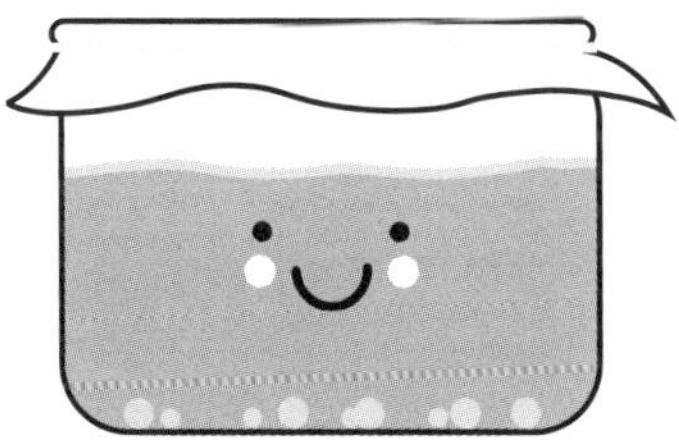

7. Filtrez le mélange dans une écumoire tapissée de mousseline ou autre linge fin. Recueillez le liquide et jetez le riz.

8. Mélangez une part de liquide à dix de lait entier, si possible cru (mais ce n'est pas indispensable). Comptez 50 cl de lait pour 5 cl de liquide, par exemple.

9. Versez dans un récipient, couvrez et laissez reposer 7 à 10 jours. Une épaisse couche de lait caillé se forme à la surface. L'odeur est aigre mais non fétide.

10. Versez dans une écumoire tapissée de mousseline ou autre linge fin.

11. Jetez les solides et gardez le liquide jaunâtre. C'est votre sérum de lactobacilles, l'équivalent des EM de la première méthode. Conservez-le au réfrigérateur.

CHAPITRE 4 :
Les étapes du succès

Avant d'inaugurer votre premier seau à bokashi, vous devrez tenir compte de quelques aspects importants. Ne croyez pas qu'ils vous fassent perdre votre temps ou qu'ils soient inutiles, ils accélèrent au contraire la fermentation et réduisent les risques d'erreur.

INGRÉDIENTS DU BOKASHI

OUI

Fruits et légumes

Produits laitiers

Viande et os

Poisson

Pains et gâteaux

Restes de plats à emporter

Fleurs fanées

Marc de café

Thé

NON

Verre

Aluminium

Métal

Cendre de tabac

Déjections animales

Sachets de thé (sauf si on peut les composter)

Hachez menu les déchets avant de les jeter dans le seau, surtout les tiges épaisses et les os. La fermentation sera plus rapide et les micro-organismes disposeront d'une surface d'attaque plus grande. Il sera aussi plus facile de tasser les résidus.

N'oubliez pas que le bokashi se déroule en milieu anaérobie : ne soulevez pas le couvercle à tout bout de champ, ce qui ferait entrer de l'oxygène. Versez les déchets alimentaires dans un autre seau et videz-le dans le seau à bokashi tous les deux jours.

ÉTAPE 1

LE PREMIER SEAU

1. Étalez des déchets au fond du seau, sur trois centimètres.

2. Saupoudrez-les de son, pour tout recouvrir, mais légèrement. Tassez doucement mais fermement avec un presse-purée, une truelle de maçon, voire une brique.
   ASTUCE : recouvrez les déchets d'un vieux tissu et tassez avec les mains.

3. Remplissez le seau et chassez l'air autant que vous pouvez. Le poids des déchets fera couler le jus de fermentation au fond du seau.

4. Refermez hermétiquement et placez le seau au chaud, à l'abri de la lumière, jusqu'à ce que vous ayez assez de déchets pour en remettre une couche.

5. Continuez à déposer les déchets par strates de trois centimètres et recouvrez à chaque fois de son.

6. Observez les moisissures. Si elles sont blanches, la fermentation se déroule bien. Mais des plaques vertes ou noires et une mauvaise odeur révèlent un problème. Jetez tout et recommencez.

ASTUCE : il est impossible de saupoudrer trop de son bokashi. Dans le doute, versez-en plutôt plus que pas assez.

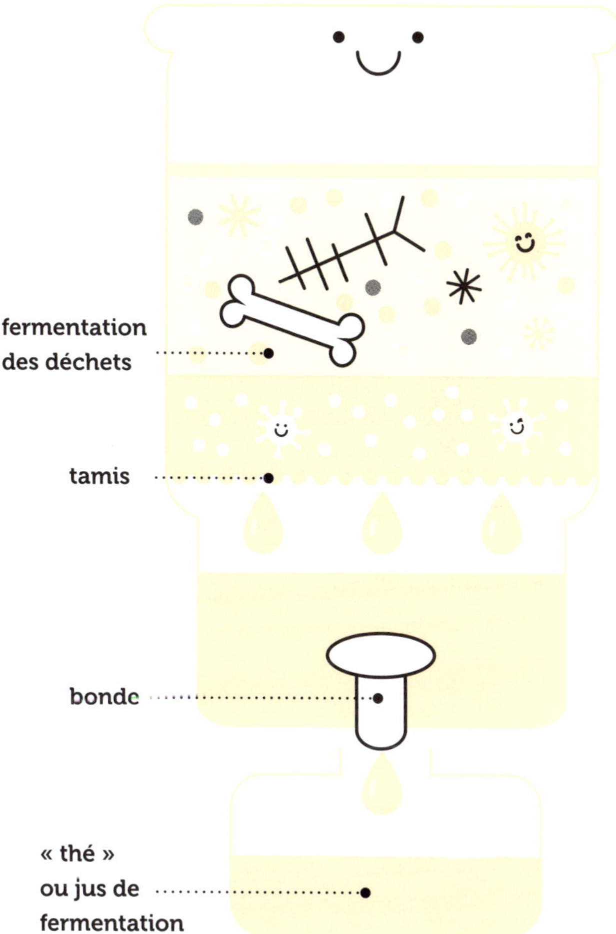
fermentation des déchets
tamis
bonde
« thé » ou jus de fermentation

ÉTAPE 2

LE DRAINAGE DU SEAU

1. Le liquide issu de la fermentation des déchets, le « thé », coule au fond du seau. Prélevez-en régulièrement : ouvrez le robinet ou videz le seau tous les deux jours ou à peu près. Si tout se passe bien, ses effluves douceâtres et vinaigrées ne sont pas désagréables.

2. Le « thé » de bokashi est bourré de bactéries utiles. Dans les tuyaux, il élimine les microbes responsables de mauvaises odeurs. C'est aussi un excellent engrais, mais très acide et à diluer absolument. Comptez 1 cl de thé pour un litre d'eau avant d'en faire profiter vos plantes.

ÉTAPE 3

LA FERMENTATION DES DÉCHETS ALIMENTAIRES

1. Quand votre seau est plein et bien tassé, terminez par une couche de son de bokashi.

2. Fermez hermétiquement et laissez reposer deux semaines au chaud, le temps pour les bactéries d'agir.

3. Drainez régulièrement, mais sans ôter le couvercle.

4. Commencez à remplir votre deuxième seau de déchets de cuisine.

L'EMPLOI DES DÉCHETS TRAITÉS AU BOKASHI

Au bout de quinze jours, les déchets ont fermenté et sont prêts à l'emploi. Ils n'ont sans doute pas beaucoup changé d'aspect. Mais ils sont devenus un pré-compost riche en bactéries et en nutriments. Le seau a une odeur agréable, si l'on aime le vinaigre.

Maintenant, vous avez trois solutions pour recycler les déchets fermentés :

- Enfouissez-les : c'est l'idéal si vous avez la place dans le jardin pour une fosse ou un trou. Les déchets nourriront la terre.
- Si vous avez peu de place, fabriquez du terreau de rempotage dans un pot.
- Transférez les déchets dans un vermicomposteur ou un bac à compost classique.

ENTERRER LES DÉCHETS

1. Creusez une tranchée ou des trous profonds de 30 centimètres et distants d'au moins 30 centimètres des racines des plantes voisines.

2. Videz dedans votre seau à bokashi et étalez les déchets.

3. Recouvrez complètement de terre et laissez reposer deux semaines.

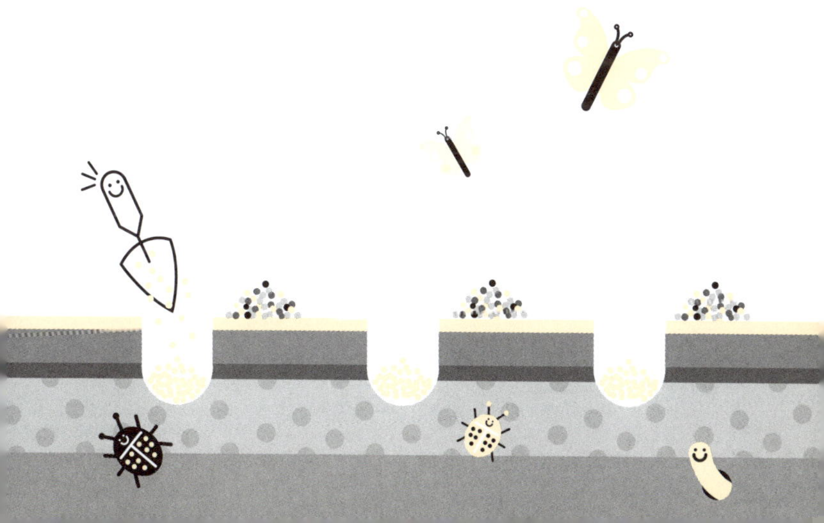

4. Au bout de quinze jours, vous pouvez planter ou utiliser cette terre pour vos pots ou comme terre végétale. Les bactéries et la flore auront dégradé tous les déchets fermentés, neutralisé leur acidité mais aussi amélioré la qualité du sol. Quelques fragments plus gros et plus durs seront peut-être encore visibles, mais ils devraient disparaître dans les quatre semaines à venir.

FABRIQUER DU COMPOST

Si vous n'avez pas de jardin ou de place pour creuser une fosse ou des trous, perforez le fond d'un seau et remplissez-le sur un tiers de terre de jardin. Recouvrez de déchets traités par bokashi jusqu'aux deux tiers, puis recouvrez de terre. Tassez, pour chasser l'air, et fermez le couvercle.

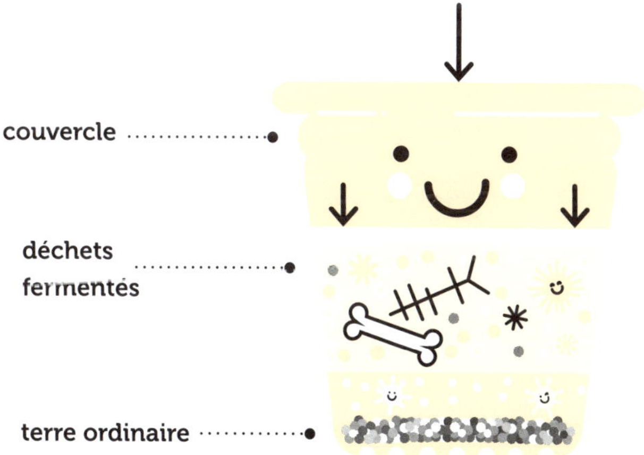

RECYCLER LE BOKASHI

Après leur séjour dans le seau à bokashi, vous pouvez jeter les déchets sur le compost, où ils finiront de se décomposer en un mois. Ou déposez-les dans un vermicomposteur, mais à petites doses. Les vers aiment les milieux au pH neutre, alors que le bokashi est acide. Ils l'éviteront sans doute pendant quelques jours, le temps que son pH remonte.

PROBLÈMES ET SOLUTIONS

- L'air est une source de problèmes dans le seau. Fermez-le hermétiquement et tassez bien les déchets.

- Drainez régulièrement et pensez à refermer le robinet.

- Si vous repérez des petites plaques de moisissure verte ou noire, saupoudrez une bonne dose de son de bokashi. En cas d'échec, jetez tout : enterrez les déchets dans votre jardin, loin des plantes, et saupoudrez-les généreusement de son pour bokashi. Ils finiront par se décomposer.

Remerciements

Un grand merci à Michelle Tilly, la talentueuse illustratrice et maquettiste. Ses merveilleux dessins ont transformé un projet banal en un livre charmant. Merci comme toujours à Catie Ziller, qui m'a fait confiance pour ce projet, et à mon mari, Adam Craig, qui m'a aidée pour le bricolage, qui a creusé la fosse et a quelquefois résolu les problèmes du seau à bokashi.

Ouvrage co-réalisé en Grande-Bretagne :
Coordinatrice éditoriale : Catie Ziller
Auteure et éditrice : Sue Quinn
Graphiste et illustratrice : Michelle Tilly

Pour l'édition française :
Traduction : Virginie Gettle
Préparation des textes et maquette : Claire Chamot

58, rue Jean Bleuzen
92178 Vanves Cedex

36-4480-5/01
ISBN : 978-2-501-13034-9
Dépôt légal : février 2018
Achevé d'imprimer en janvier 2018
sur les presses de l'imprimerie Macrolibros